L5 49.756.

OÙ EN SOMMES-NOUS ?
OU ALLONS-NOUS ?

ou

COURTES RÉFLEXIONS

SUR LA SITUATION DE LA FRANCE

A L'APPROCHE DES ÉLECTIONS GÉNÉRALES.

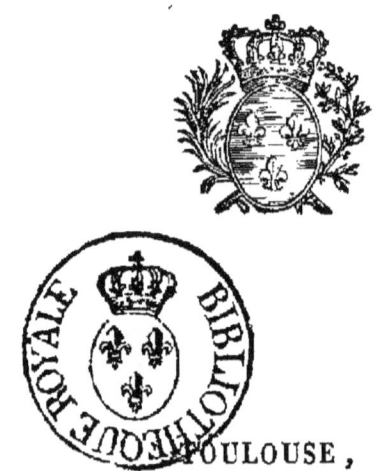

TOULOUSE,

DE L'IMPRIMERIE DE BELLEGARRIGUE, LIBRAIRE,

RUE DES FILATIERS, N.° 31.

8 NOVEMBRE 1827.

Et moi aussi je me suis dit :

« Fais ce que dois, advienne que pourra ».

C'est aux honnêtes-gens de toutes les opinions, de tous les partis de la France, comme de l'Europe chrétienne, que j'adresse aujourd'hui ces courtes réflexions ; et, puisqu'il s'agit d'intérêts généraux, tous m'entendront, s'ils veulent m'entendre, et s'ils désirent tous le bien de leur patrie ; car, au point où en sont les choses, les gouvernemens et les doctrines sont par-tout solidaires, et il n'est peut-être plus au monde de coin si reculé qui ne ressente les contre-coups d'une révolution quelconque.

Ce que je demande en grâce, c'est que l'on me lise sans prévention, qu'on réfléchisse un instant sur ce qu'on aura lu, et que l'on me juge sans partialité. N'ayant jamais été lié à aucun gouvernement par aucune place, mais attaché à celui du Roi par les seules affections de mon cœur ; n'ayant jamais été soumis à aucun ministre, parce je n'avais rien à attendre d'eux; indépendant par mes principes, mon caractère et ma position, j'ai pu observer les hommes, et j'ai tâché de profiter de leurs fautes, de leurs vices, et de leurs vertus.

Si je parle presque toujours de la France, c'est qu'enfin le jour est venu où un Français ne peut rester indifférent au sort de sa patrie; c'est que la France a depuis quelque temps le malheureux privilège d'imposer aux autres nations ses constitutions, ses vertus et ses vices, comme elle leur envoie ses arts et ses modes.

Au reste, cet écrit ne contiendra que des réflexions que je crois justes et sages; et ne fussent-elles que le rêve d'un homme de bien, elles méritent l'indulgence de tout lecteur impartial.

OU EN SOMMES-NOUS?
OU ALLONS-NOUS?

N'est-ce pas ce que nous nous demandons aujourd'hui, et ce que je me demande à moi-même? Une double restauration s'est opérée en notre faveur, et voilà cependant qu'une des roues du char de l'état est entraînée forcément dans l'ornière de la révolution. Nous avons demandé au ciel la légitimité, le ciel nous l'a rendue, et nous ne saurons pas la conserver? Quoi! nous serons condamnés à faire naufrage dans le port? à périr avec tous les élémens de salut et de prospérité? Et cela, pour des riens, pour des vanités aigries, pour des intérêts lésés, pour un amour-propre blessé? Y pensons-nous? Si nous avions à cœur de servir les intérêts de nos ennemis les plus acharnés, nous y prendrions-nous autrement? Car, quel est l'homme de bonne foi qui n'avoue que le malaise qui nous tourmente, que les terreurs qui nous agitent, proviennent uniquement de la *désunion des gens de bien*, de *l'inertie des faibles*, et de *l'activité prodigieuse des méchans* : trois vérités que nous tâcherons de mettre dans tout leur jour.

Et, d'abord, dans ces derniers temps l'on s'est beaucoup trop occupé des individus, on a oublié l'ennemi commun, et l'on s'est cru fort, parce qu'on attaquait avec violence des chefs qui n'avaient mérité, assurait-on, ni la confiance du Roi, ni celle de la nation entière; d'un autre côté aussi, il a pu arriver que quelques-uns de ces chefs, ou quelques officiers subalternes aient commis bien des fautes par faiblesse ou imprévoyance : qu'en est-il résulté? C'est que les uns et les autres se sont jetés dans de fausses voies ; que les esprits se sont échauffés ; que les cœurs se sont aigris, et, que tout en proclamant les mêmes principes, on a voulu d'autres chefs, d'autres bannières, d'autres soldats ; et l'on ne s'aperçoit pas que les conséquences d'une pareille conduite vont devenir terribles, et, peut-être, sanglantes! car l'on veille dans le camp des ennemis lorsque nous dormons, et, une fois entraînés dans leurs rangs, il ne nous sera plus possible de nous retirer au jour odieux de leur triomphe, *et notre voix, alors, sera étouffée au besoin par le fer d'un poignard, si elle n'a pu l'être par le poison de l'or.*

Il n'est plus temps de se faire illusion, de se bercer de mille chimères ; la révolution marche tête levée, et prend tout le terrein que notre faiblesse lui abandonne : si vous la laissez aller, vous la verrez bientôt, forte de ses positions avantageuses, reprendre l'offensive, et, lâchement hostile envers la royauté, la serrer dans ses bras, et l'étouffer de ses embrassemens affreux, si mieux elle n'aime jeter aussitôt le masque, et se montrer hideuse et sanglante comme on la vit en 1793.

Oui, le mal existe, dira-t-on ; mais où est le remède ? À moins d'être aveugle, on ne peut se dissimuler le danger qui nous menace. Mais, encore une fois, où est l'ancre du salut ?

Entrons à ce sujet dans quelques détails :

Le mal, j'ai presque dit *tout le mal*, est dans la licence de la presse ; *je le dis de conviction intime* : c'est un fait reconnu de toutes les personnes tant soit peu raisonnables qui ont passé l'âge des illusions et des faiblesses.... Vous voulez donc la servitude, va s'écrier le libéral dont j'échauffe la bile ? Non, certes : je la veux moins que vous encore, lui répondrai-je ; mais, d'après l'histoire de tous les peuples, d'après notre propre histoire, *dont quelques pages sont écrites en caractères de sang dans les annales du monde ;* d'après l'expérience de tous les siècles, je demande, avec l'illustre auteur *de la Législation primitive*, et, même, avec l'immortel auteur *du Génie du christianisme ;* je demande avec eux, *en 1827 comme en* 1820, que l'on rassure la société alarmée par la propagation des doctrines impies et séditieuses, et que, sous prétexte d'éclairer les hommes, on ne vienne pas mettre le feu aux quatre coins de l'univers ; je demande, et nous demandons tous, que l'on s'oppose à la réimpression des mauvais livres, source impure d'où sont découlés tous nos malheurs ; que, tout en arrêtant la circulation périodique et quotidienne de ce poison distillé dans des journaux perfides, on prenne aussi des moyens sûrs et prompts pour arrêter les ouvrages non périodiques qui tendent au même but, et que l'on mette, par là, en défaut l'activité infatigable de ces êtres odieux qui spéculent lâchement, ou sur la stupidité de leurs lecteurs, ou sur leur perversité profonde ; qui crient à une jeunesse fougueuse et inexpérimentée, que *l'obéissance aux lois est une bassesse, et la révolte le plus saint des devoirs* : voilà tout ce que nous demandons, et voilà ce qu'il faudra nous accorder tôt ou tard, si l'on ne veut voir périr misérablement le vaisseau de l'état ; à tout instant exposé à se briser contre ce formidable écueil, et à s'engloutir dans une mer sans fond et sans rives.

Ici se présente naturellement la question si controversée d'une forte loi répressive. Mais, sans entrer dans une immense discussion, et en attendant que cette loi se fasse, si toutefois il est donné aux hommes de s'entendre pour la faire ; je crois qu'il faut, de nécessité absolue, opposer une forte digue au torrent dévastateur, et prévenir le délit ou le crime ; puisqu'on n'a pas de loi pour l'atteindre et le punir.

La censure, telle qu'elle est, remplit-elle le but proposé ? autre question délicate, et que nous examinerons avec prudence et discrétion.

Oui, elle l'atteint sous plus d'un point ; mais on pourra, je pense, la perfectionner encore : je crois même, s'il faut ajouter foi aux bruits qui circulent dans la capitale ; que le ministère médite un projet de loi qui ferait de la censure préalable un tribunal auguste et spécial, propre à rassurer les plus timides, et à donner de la confiance aux gens de bien : je le désire dans l'intérêt de la religion, de la monarchie, du bonheur de la France et de la paix européenne. Tout cela présente de sérieuses difficultés, je le sais ; mais l'épreuve actuelle aura, du moins, servi à établir la confiance nécessaire à l'adoption du projet de loi; car, enfin, il faut être juste en tout : il sera vrai de dire qu'il n'est personne en France qui ait été vexé pour ses opinions politiques (j'entends depuis le rétablissement de la censure, *et sans remonter à* 93); personne qui n'ait eu la permission d'écrire et de faire imprimer tout ce qui était marqué au coin de la modération, de la politesse, et, même, d'une sage opposition ; et que pas une découverte, pas une pensée noble et généreuse, n'a été condamnée à être étouffée dès l'origine.

La liberté que j'ai moi-même en ce moment, et dont j'use avec toute sureté, pour louer ou blâmer les actes du ministère, parlera beaucoup plus haut en faveur du projet annoncé que les vaines criailleries *de quelques écrivains imberbes, ou de quelques vétérans de la révolution que se rejettent les deux mondes*, et qui ne trouvent jamais la liberté que dans la licence, et la licence la plus effrénée ; aussi, viens-je soumettre avec confiance ce nouvel écrit, et tous autres quelconques, à l'approbation des hommes sages et éclairés que le Roi a choisis, ou choisira dans la suite pour veiller à la sureté publique : puissent-ils, enfin, dans l'exercice de leurs nobles fonctions, nous rappeler la justice et l'intégrité de l'ancienne magistrature, et faire renaître pour nous, *qui ne sommes pas ingrats*, le beau siècle de Louis XIV !

Et puis, ne serait-il pas possible d'augmenter encore la sécurité de tous les membres de la grande famille, en rendant ce nouveau tribunal de censure, en quelque sorte, responsable de ses jugemens, et ses arrêts sujets à cassation, si cela devenait nécessaire ?

Mais, toute grave qu'est cette question en elle-même, toute intéressante qu'elle est pour la société en général, et pour la France en particulier, une autre question aussi grave, et tout autrement décisive, se présente à notre esprit avec ses couleurs vives et fortes que lui impriment les passions des hommes et les circonstances critiques où nous nous trouvons ; je veux parler du renouvellement intégral de notre chambre élective.

Elle approche cette époque redoutable, où l'on verra, sur tous les points de la France, et au même instant, les intérêts divers, les opinions contraires se croiser, se heurter, se renverser violemment, et nous exposer, peut-être, aux plus grands dangers. En effet, que peut-il arriver ? Ou, le Roi, par l'exercice libre de sa puissance, dissoudra la chambre actuelle ; et, alors, aussitôt de nouvelles élections : ou bien, il attendra quelques mois encore, et laissera faire au temps ce qu'aurait pu faire son autorité souveraine ; et nous voilà encore dans les embarras des élections générales dans tout le royaume : je dis dans les embarras, car, quelque favorable que l'on soit aux ministres de S. M., on ne saurait leur cacher une vérité aussi manifeste ; ils ne sauraient se la cacher à eux-mêmes.

L'opinion, cette reine des nations, comme on l'appelle, mais, certes, reine bien dégradée aujourd'hui, est presque par-tout pervertie, et le frein que l'on a mis à la licence n'a pu encore qu'arrêter les progrès du mal ; il lui a été impossible de réparer les malheurs passés : il faudra de longues années pour atteindre un but si désirable, et on ne le pourra que par une loi plus sage et plus complète.

Mais, pour cela, il faudrait dire au temps de s'arrêter, aux générations qui nous pressent de ne pas grandir, à la jeunesse d'oublier des doctrines qui flattent toutes ses passions ; et, alors, nous occupant exclusivement de l'enfance, portion si intéressante de l'état, inculquer dans son jeune cœur des leçons, et mieux encore des exemples de vertu, et lui faire lire, dans les livres comme dans les hommes qui doivent l'entourer, les plus beaux traits de grandeur et d'héroïsme qui puissent honorer l'espèce humaine. Tout cela est-il possible en ce moment ? Non : l'occasion est passée.... Peut-être que la Providence la fera renaître pour nous : avant tout, il faut qu'elle nous sauve ; qu'elle veuille nous sauver, ou, pour mieux dire, que nous voulions nous sauver nous-mêmes, car la Providence ne nous manquera jamais.

Soyons calmes, soyons unis, et nous serons forts : c'est ce défaut d'union, je le répète ; ce sont ces misérables rivalités d'amour-propre, ces petites guerres de vanité, qui nous ont perdus ; et on le sait bien dans le camp ennemi : voilà pourquoi l'on travaille sans cesse à entretenir ces discordes, à attiser ce feu des passions, afin de profiter du moment favorable, et d'arriver au pouvoir, n'importe par quels moyens. Et nous aussi, royalistes loyaux et fidèles, nous tiendrions la main à de si infâmes machinations ! et de gaîté de cœur, pour ainsi dire, nous nous précipiterions, tête baissée, dans l'abyme ! Non : ce malheur n'arrivera pas.

Nos provinces du Midi, fortes de leurs principes religieux, ou, pour parler le langage du jour, tenant encore à de vieux hochets, ou, peut-être même, entichées, comme on le dit, de fanatisme, sont toutes animées d'un bon esprit. On a laissé, il est vrai, je ne sais par quelle fatalité, s'amortir beaucoup trop cette chaleur du royalisme, *cette folie du dévoûment*, comme je l'ai entendue nommer; mais, enfin, malgré ces fautes déplorables, le Roi peut compter sur de bonnes élections, pourvu que l'année qui nous reste soit employée sagement à donner aux esprits une impulsion monarchique. Ah! si, partageant ses faveurs entre tous ses enfans, ce Roi bien-aimé, ce bon père (car la royauté n'est autre chose que la Famille), daignait aussi les visiter, un instant, son auguste Fils lui dira quelle joie, quels transports fera éclater sa présence : là, il faudra que le respect vienne modérer l'amour; mais les importunités de l'amour valent, je crois, bien mieux que les méfiances de la haine.

Il n'en sera pas généralement ainsi dans les provinces du Nord. Nul doute, toutefois, qu'il n'y ait beaucoup de départemens où l'on trouvera toujours, et en grand nombre, des sujets dévoués et fidèles; mais ils ne sont pas unis, et l'opinion libérale, qui sait bien ce qu'elle fait quand elle tend la main à tout ce qui n'est pas religieux, avoue hautement qu'elle aussi, à son tour, doit compter sur de nombreux auxiliaires.

C'est aux ministres, placés au timon des affaires, à voir tout ce qu'ils pourront faire de bien sur une terre peu disposée encore à recevoir de bonnes semences : heureux aujourd'hui, s'ils n'avaient à songer qu'à un renouvellement partiel, qui se fera toujours sans secousse, sur-tout un *renouvellement par dixième*, comme le désiraient naguère, et comme le réclament aujourd'hui, mais un peu tard, les honorables députés de nos provinces!

Au milieu de ces tableaux pénibles, ce qui déchire l'ame d'un honnête homme, c'est de voir que Paris, la ville royale, Paris, qui impose aux provinces de si grands sacrifices, soit devenue une ville où le bien est presque impossible. Je crains que, malgré tous les efforts, les élections ne soient par-tout mauvaises; et, d'après ce que moi-même je viens de voir et d'entendre dans cette immense Babylone, j'affirme, sans hésiter, que le mal est, pour le moment, très-difficile à guérir, si l'on n'ose convenir avec moi qu'il sera plus violent que tous les remèdes. Mais aussi, pourquoi, me suis-je dit, en y réfléchissant sérieusement, pourquoi laisser accroître sans cesse une ville déjà si étendue? pourquoi laisser doubler, tripler même une population turbulente, déjà si difficile à contenir, par cela seul qu'elle est si nombreuse? pourquoi laisser s'introduire et vivre dans Paris, comme le prouvent des rapports officiels, au milieu des 100,000 désœuvrés qui l'habitent, ces 60,000 bandits, qui, n'ayant aucun moyen d'existence, y affluent sans cesse, non-seulement de toutes les provinces de la France, mais de l'Europe entière, *où leur industrie les a perdus,* et qui se rendent là comme dans un obscur repaire, d'où ils pourront s'élancer à temps sur la société, comme sur une proie qui leur est dévolue, et que déjà, dans leur aveuglement et leur fureur, ils se partagent entr'eux, sans plus déguiser leurs coupables projets, leurs criminelles espérances ; comme si la protection de quelques hommes puissans, plus vils et plus criminels encore, était le gage du triomphe, ou la certitude de l'impunité ?

Oui, il y a un danger réel, un plus grand danger qu'on ne pense, de laisser agrandir sans mesure une Capitale qui finira, comme Londres, par devenir la tête monstrueuse d'un corps dégradé. Un rayon de sept lieues de tour peuplé par près d'un million d'hommes, voilà de quoi occuper suffisamment les loisirs d'un préfet de police, et même d'un homme d'état ! Faut-il que j'apporte, pour preuve de ce que j'avance, les propos affreux, infâmes, que plusieurs personnes ont pu entendre, comme nous, en traversant, par hasard, la place de Grève, lors de la dernière exécution ? Ils feraient frémir nos lecteurs, et nous ne voulons que les avertir des périls au milieu desquels nous vivons tranquillement aujourd'hui.

Ici, je prévois l'objection que l'on va me faire, la seule que l'on puisse faire, il est vrai, au sujet de quelques améliorations proposées, et j'avoue qu'elle n'a que trop de fondement : j'entends autour de moi tout ce qui porte une ame grande et généreuse me demander comment, dans la crise où nous entrons, oser seulement proposer une loi sur la presse, sur l'autorité paternelle, où le plus petit amendement à la loi qui va nous régir dans les élections ? Arrivés où nous sommes, la chose n'est pas facile ; tout le monde en convient ; mais, enfin, il faut une décision, car l'inertie ne nous sauvera pas ; et, tout bien pesé, tout bien examiné, la seule ressource qui reste aux ministres de S. M., c'est de remplir encore un devoir, c'est d'acquitter une dette sacrée, et de déclarer, enfin, élevés à la pairie (*dignité qu'on n'avilira plus, je l'espère*), tous les cardinaux et archevêques du royaume, qui sont en France, comme dans cette fière Angleterre, qu'on nous vante sans cesse, les représentans naturels du clergé catholique, clergé respecté par toute la terre, *en dépit de l'hérésie et de l'impiété,* parce que les mains de nos vénérables pontifes furent toujours *nettes du sang de leurs rois* et du patrimoine des familles.

Après cet acte de justice et de saine politique, qui pourra passer pour un acte de vigueur dans le siècle où nous sommes, on pourrait encore, le dirai-je sans gémir profondément ! on devrait même rehausser l'éclat de cette éminente dignité, en y appelant quelques-uns de ces députés courageux, qui ont à eux leur conscience, quelques-uns de ces hommes illustres qui ont échappé, comme par miracle, au fer des septembriseurs, ou à l'épée dévorante de cet homme en tout extraordinaire, qui se vantait de ses crimes, comme de ses vertus, et qui envoyait ses bourreaux à Vincennes égorger un Prince royal, le même jour, à la même heure, où, *de son pied de géant*, il écrasait la tête d'une foule de *pygmées* qui se croyent aujourd'hui des puissances. Voilà ce qu'il faut faire, avant tout, pour remédier à bien des maux, *à bien des misères*, et rétablir, enfin, cet équilibre indispensable pour la confection des lois et la stabilité des institutions les plus sages.... Tout le monde m'a compris, car rien de mieux ici que l'énergie du silence........

Ministres, que nous aimons, parce que vous êtes sortis de nos rangs, et que vous avez nos doctrines; mais que nous n'avons pu approuver en tout, bien que nous fussions sûrs de votre probité et de votre zèle, parce que nous avons, à rendre compte à Dieu de nos votes secrets, comme de nos actions publiques, voici le jour du danger, comptez désormais sur nous; nous vous seconderons de tous nos moyens, de toutes nos forces. Mais, de grâce, oubliez, comme nous, les petites injures, les petites faiblesses, que vous avez pu apercevoir dans des hommes, d'ailleurs si recommandables, et que le malheur a aigris; montrez, enfin, à vos détracteurs (dût en souffrir votre modestie), que le temps est venu, où, quoiqu'on en dise, vous aurez assez de générosité, assez de grandeur d'ame pour oublier le passé, et pour reconnaître et proclamer le mérite d'autrui. C'est alors que, calmes et mo-

dérés, comme il convient à des hommes forts de la justice et de la bonté de leur cause, nous nous ferons une joie d'ouvrir nos bras aux honnêtes-gens de toutes les opinions et de tous les partis qui ont divisé la France jusqu'à ce jour, et que, nous pressant autour de la royale bannière, doublement forts de notre réunion et de nos doctrines, nous verrons notre fier ennemi, au jour du combat, se retirer épouvanté de sa solitude, sécher de frayeur et de dépit au bruit des acclamations d'un légitime triomphe, et courir ensevelir sa honte dans les ténèbres, en assurant à jamais la belle couronne de France sur la tête de notre Roi bien-aimé, et de ses augustes Descendans. Ainsi seront déjouées les trames criminelles des méchans; et ils n'oseront plus dire de vous ce que, dans leur folle joie, ils ont déjà dit en secret : « dupes de notre hypocrisie, de con-
» cessions en concessions, ils se laissèrent en-
» traîner dans la fange des révolutions, et arrivés,
» enfin, sans le savoir, sur le penchant du
» Capitole, le pied leur glissa dans la boue...:
» ils sont tombés !! »

P. S. Pendant qu'on imprimait ces courtes réflexions, la fameuse ordonnance de dissolution vient de paraître. La chambre des députés de nos départemens est dissoute; et, plaise à Dieu, qu'en la dissolvant on n'ait pas dissous un corps précieux, qui, malgré sa faiblesse apparente, pouvait encore nous sauver! Mais le Roi a parlé, tout est fini : c'est à nous, sujets dévoués et fidèles, de révérer ses ordres, et de faire notre devoir, en lui envoyant, de nos provinces méridionales, *des hommes sages et forts, prêts à tout sacrifier pour le bien public, et en état de tenir ferme dans les tempêtes, si la Providence en tirait encore des trésors de sa colère.*

Ce qu'il faut aujourd'hui, c'est de ce calme qui tient du courage et de la confiance en nos forces : *union et oubli.* — Voilà la devise des vieux chrétiens, des vieux royalistes de la vieille roche, et qu'eux seuls doivent porter.

Séparation et souvenir, voilà la devise qui formera le revers de la médaille, et qui regarde les méchans, c'est-à-dire, ces hommes *sans foi et sans loi,* heureusement en petit nombre, qui, au lieu d'abjurer leurs erreurs, leurs folies et leurs crimes; au lieu de se réunir à nous, qui leur tendons les bras, et qui sommes prêts à tout oublier, ne rêvent encore, sous un air hypocrite, que massacres et bouleversemens, parce que, aux hommes fidèles à Dieu, l'enfer ne saura jamais pardonner une vertu.

Habitans de Toulouse, la ville fidèle par excellence, la France entière compte sur vous : les honnêtes-gens y ont toujours compté, et les ennemis de l'ordre social savent depuis long-temps, à n'en pouvoir douter, que chez vous, ils ont toujours perdu leur argent et leurs peines. Pour vivre et mourir tranquilles, dans nos possessions, dans les arts, dans le commerce, il nous faut en France, plus que par-tout ailleurs, des hommes qui aient tout à perdre dans les révolutions, et rien à gagner avec elles; en un mot, des députés tels que vous les avez toujours envoyés au Roi, et tels que vous allez lui en envoyer encore, en enrichissant votre députation de ce que la province a de plus pur et de plus fidèle. Accourons tous au poste que l'honneur nous assigne, travaillons tous de notre côté, et arrivé, enfin, ce jour si craint et si désiré, sachons nous entendre au milieu de la confusion qu'on cherchera à semer autour de nous; et, alors nous aurons la consolation de voir sortir de l'urne électorale des noms chers à la cité, au Roi, à la religion et à la patrie.